Le lapin de printemps et le caméléon

Yannick Lefrançois

EDITIONS DU BASTBERG

Oh ! Un lapin qui peint le ciel, ça n'existe pas !
Mais si ça existe ! C'est le lapin de printemps !
Vous savez, celui qui redonne à la nature la couleur des beaux jours.
À grands coups de pinceau, de rouleau, ce petit animal aux longues oreilles recouvre le blanc de l'hiver avec du rouge, du vert, du jaune… et du bleu pour le ciel…

— C'est à vous, madame
la panthère !
— Parfait, dit la féline, mais j'ai
une partie de chasse qui m'attend.
Alors tâchez de faire vite.
— Nous tacherons, madame !
Grâce à Gaspar, le lézard bizarre,
vous serez mouchetée
à la vitesse du guépard.

— Hi ! Hi ! Hi ! se tortille le gros chat. Ça chatouille un peu, mais je dois reconnaître que votre lézard bizarre est un artiste.

À la queue-leu-leu, les animaux attendent leur tour. Mais au bout de la file, un gros lourdaud s'impatiente :

— J'en ai assez d'attendre ! Je veux être peint en brun avant le casse-croûte ! grogne monsieur Ours.

— Tu attendras ton tour bien sagement ou tu resteras ours blanc !

— Puisque c'est comme ça, j'irai me faire peindre ailleurs, hurle l'ours dans une colère noire.
— Attention !
PATATRA PLOF !

— Hi ! Hi ! Hi ! Te voilà condamné à faire le panda toute l’année. Plus de miel au casse-croûte, mais des feuilles de bambou !

—Pas le temps de repeindre ce gros bougon, poursuit le lapin. Les arbres m'attendent. De quelle couleur vais-je peindre cette drôle de branche ?
— C'est moi ! Monsieur Caméléon, le roi du cache-cache, dit la branche. Tu ne m'as pas vu parce que je prends la couleur de l'endroit où je me cache.

— Très bien, monsieur Caméléon. De quelle couleur dois-je te peindre alors ?
— En mauve ! Je n'ai jamais été mauve !

Quelle drôle d'idée,
un caméléon couleur
bonbon…

— Oh ! Oh ! Oh ! Ça ne va pas être facile d'être le roi du cache-cache avec une couleur pareille, se moque monsieur "Ours-Panda". Hou ! Hou ! Hou ! Tu ne peux te cacher que dans un tas de prunes maintenant.

— Monsieur Panda a raison. Je te peins en brun et n’en parlons plus.

— Oui, mais sur l'herbe, on me voit autant qu'un bout de bois tombé de l'arbre !

— Ça va, j'ai compris.
Te voilà vert, maintenant.

Puis jaune…

…puis
rouge…

…orange…

…bleu…

— Ça suffit ! crie le lapin tout rouge. D'autres animaux attendent leur tour.

Et ceux-là, mieux vaut ne pas les faire attendre.

Bleu de peur, puis de tristesse,
monsieur Caméléon regagne son arbre :
— Je ne serai plus jamais
le roi du cache-cache…

—J'ai peut-être été un peu dur avec ce pauvre caméléon, mais je ne peux pas toujours être derrière lui pour le changer de couleur. Et puis, madame Pieuvre m'attend…

— Vous arrivez à point, monsieur Printemps.
Je n'avais plus une goutte d'encre.
— Tenez, madame Pieuvre. Vous allez pouvoir de nouveau écrire à vos amis.

Plus loin, un gros babouin
se peint les babines.

— Veux-tu que je t'aide ?
Je suis le lapin de printemps.
— Tu tombes bien, lapin !
Je suis moins doué pour me maquiller que le guerrier à qui j'ai chapardé cette boîte de couleurs. Mais dans ma tribu, plus on a de belles couleurs sur le nez, plus on est beau et respecté...
— J'ai une idée ! Si tu me donnes ta boîte de couleurs, moi en échange, je m'occuperai de ton maquillage tous les printemps.

— Merci lapin ! Grâce à toi,
je vais devenir chef de ma tribu !

Au pied de son gros arbre, monsieur Caméléon pleure des larmes bleues de chagrin :

— Bleu et orange, je ne pourrai plus jamais me cacher dans des bananes ou sur le dos d'un crocodile…

— Sèche tes larmes de caméléon ! J'ai une surprise pour toi : grâce à cette boîte, tu vas pouvoir te peindre de la couleur que tu veux !

— Lapin,
tu es un magicien !
Je l’essaie
tout de suite.

— Nom d'une carotte bleue !
Ce sacré caméléon a déjà disparu dans le décor.

— Youh ouh ! Lapin ! Je suis caché dans l'image. Essaie de me trouver !

DEUXIÈME ÉDITION
Dépôt légal : mars 2007
Imprimé en CEE par Wesel à Baden-Baden